REGENBOGEN TARTES

Emilie Guelpa

Ich widme dieses Buch allen, die Farben, Essen und Grafikdesign lieben; aber auch all denen, die die guten Dinge im Leben zu schätzen wissen!

INHALT

INHALT

EINLEITUNG

WIE ALLES BEGANN

Im Jahr 2012, als ich gerade dabei war, einen Satz buntes Origamipapier nach Farben zu ordnen, hat es Klick gemacht – die Idee war geboren, Rezepte für farbenfrohe Tartes zu entwickeln, die eine wahre Freude für Auge und Gaumen darstellen sollten: eine kulinarische Farbpalette. Als Graphikdesignerin arbeite ich täglich mit Farbkarten, sei es als Referenz oder um mich von den unterschiedlichen Farben und Farbnuancen inspirieren zu lassen. Deshalb war es sofort klar, dass Farbkarten die ideale Grundlage für mein Projekt darstellten!

Für das Magazin *Fricote* kreierte ich eine Reihe von Tarte-Rezepten und der nächste logische Schritt war ein Buch: 50 neue Farben, 50 Farbnuancen, 50 Rezepte – eine wunderbare Kombination aus Farben, Design und köstlichem Essen!

Nach unzähligen Monaten, in denen ich zeichnete, mir Notizen machte, malte, fotografierte; Aromen verglich und Rezepte mit Obst, Gemüse und unzähligen anderen, farbenfrohen Zutaten ausprobierte; Farben und Farbnuancen arrangierte und wieder neu anordnete, sind sie nun fertig: meine 50 farbinspirierten Rezepte!

Bon appétit!

Emilie Guelpa

EINIGE TIPPS ZU BEGINN

Es gibt unzählige Lebensmittel, die man verwenden kann, um farbenfrohe Tartes zu kreieren. Experimentieren Sie mit verschiedenfarbigem Obst und Gemüse und bunten Süßigkeiten – und was auch immer Sie sonst noch finden können. Man kann natürlich auch Lebensmittelfarbe verwenden, um verschiedene Farben mit mehr oder weniger Intensität zu kreieren. Das Wichtigste ist, einen hellen Boden mit einem (mehr oder weniger ein-)farbigem Topping zu kombinieren.

Um Sahne perfekt steif zu schlagen, ist es wichtig, dass sie sehr kalt ist – es hilft, auch die Schüssel und die Rührbesen für etwa 30 Minuten in den Kühlschrank zu geben, bevor man anfängt, die Sahne zu schlagen. So erhält man wunderbar leichte, luftige Schlagsahne, die außerdem nicht so schnell zusammenfällt. Am besten verwendet man ein elektrisches Handrührgerät – das ist die einfachste und schnellste Methode, um Sahne steif zu schlagen.

Die Rezepte und die in diesem Buch angegebenen Mengenangaben beziehen sich jeweils auf zwei Tartes von ungefähr 14 x 11 cm Größe. Wenn Sie keine Backform in dieser Größe zu Hause haben, verwenden Sie einfach ein größeres Backblech und falten Sie in der angegebenen Größe eine Form aus Alufolie. Beim Zuschneiden von Mürbeteig ist es hilfreich, eine Schablone aus einem Stück Karton anzufertigen. (Generell gilt: Den Teig immer etwas größer zuschneiden, da er sich beim Backen zusammenzieht!)

Wenn nicht anders angegeben, handelt es sich bei dem in den Rezepten angegebenen Mehl immer um Weizenmehl Type 405.

Pistazienpaste kann man normalerweise in gut sortierten Feinkostgeschäften kaufen. Für selbstgemachte Pistazienpaste einfach eine Handvoll geschälte, ungesalzene Pistazien mit einer Prise Zucker in der Küchenmaschine fein mahlen. Dann tröpfchenweise Olivenöl dazugeben und weiter mixen, bis eine glatte Masse entsteht.

Brick-Teig, manchmal auch Brik-Teig, ist ein aus Tunesien stammender, sehr dünner Teig. Falls Sie keinen Brick-Teig finden, verwenden Sie einfach Filoteig – Sie brauchen dann allerdings 4 anstelle von nur 2 Blättern Teig. Die Teigblätter in 8 Rechtecke schneiden, mit geschmolzener Butter bestreichen und je 4 Teigrechtecke aufeinanderlegen. Bei 160 °C (Umluft 140 °C) 3–4 Minuten backen, bis die Tarteböden goldbraun und knusprig sind.

4 Teelöffel entsprechen 1 Esslöffel.

Und zu guter Letzt: Das Allerwichtigste ist es, Spaß zu haben! Die Küche sollte ein Ort sein, an dem man sich mitteilt, sich entspannt und experimentiert. Also lassen Sie Ihrer Kreativität freien Lauf und haben Sie viel Spaß!

GRUNDREZEPTE

SCHOKOLADENMÜRBETEIG
Schokolade + Vanille + gemahlene Mandeln

SALZIGER HASELNUSSMÜRBETEIG
gemahlene Haselnüsse + Butter + Mehl + Salz

SÜSSER MÜRBETEIG
Vanille + Butter + Mehl + Zucker

SALZIGER PARMESANMÜRBETEIG
Parmesan + Butter + Mehl

GRUNDREZEPTE FÜR TARTEBÖDEN

Schokoladenmürbeteig

1 Ei | 40 g Puderzucker | 15 g gemahlene Mandeln | 180 g Mehl | 1 TL Backpulver | 100 g Butter, in Flöckchen | 10 g ungesüßtes Kakaopulver | einige Tropfen Vanille-Aroma | eine Prise Meersalz

Ein Backblech mit Backpapier auslegen. Das Ei mit dem Puderzucker in einer großen Schüssel schaumig schlagen. Die übrigen Zutaten dazugeben und alles mit den Händen zu einem groben Teig verkneten. Den Teig auf eine bemehlte Arbeitsfläche geben und weiterkneten, bis er geschmeidig ist. Ist der Teig zu klebrig, einfach noch etwas Mehl dazugeben. Den Teig ausrollen und vier 15 x 12 cm große Rechtecke schneiden. Die Teigböden auf das vorbereitete Backblech geben, mit einer Gabel mehrmals einstechen und etwa 30 Minuten kalt stellen. Den Backofen auf 180 °C (Umluft 160 °C) vorheizen und die Böden 15–20 Minuten goldbraun backen.

Salziger Haselnussmürbeteig

100 g Mehl | 30 g gemahlene Haselnüsse | eine Prise Salz | 1 Ei | 1 Eigelb | 100 g Butter, in Flöckchen

Ein Backblech mit Backpapier auslegen. Das Mehl, die Haselnüsse und das Salz in einer großen Schüssel gut vermischen. Die übrigen Zutaten dazugeben und alles mit den Händen zu einem groben Teig verkneten. Den Teig auf eine bemehlte Arbeitsfläche geben und weiterkneten, bis er geschmeidig ist. Ist der Teig zu klebrig, einfach noch etwas Mehl dazugeben. Den Teig ausrollen und vier 16 x 13 cm große Rechtecke schneiden. Rundherum 1 cm breite Streifen abschneiden und daraus einen Rand auf die Teigrechtecke legen. Die Teigböden auf das vorbereitete Backblech geben, mit einer Gabel mehrmals einstechen und etwa 30 Minuten kalt stellen. Den Backofen auf 180 °C (Umluft 160 °C) vorheizen und die Böden 15–20 Minuten leicht goldbraun backen.

Süßer Mürbeteig

160 g Mehl | 25 g Puderzucker | 50 g Butter, in Flöckchen | eine Prise Meersalz | 1 Vanilleschote 1 Ei | 3 EL Milch

Ein Backblech mit Backpapier auslegen. Das Mehl, den Puderzucker, die Butter und das Salz in einer Schüssel gut vermischen. Die Vanilleschote der Länge nach durchschneiden, das Mark mit der Messerspitze herauskratzen und zum Teig geben. Das Ei und die Milch dazugeben und alles mit den Händen zu einem groben Teig verkneten. Den Teig auf eine bemehlte Arbeitsfläche geben und weiterkneten, bis er geschmeidig ist. Ist der Teig zu klebrig, einfach noch etwas Mehl dazugeben. Den Teig ausrollen und vier 15 x 12 cm große Rechtecke ausschneiden. Die Teigböden auf das vorbereitete Backblech geben, mit einer Gabel mehrmals einstechen und etwa 30 Minuten kalt stellen. Den Backofen auf 180 °C (Umluft 160 °C) vorheizen und die Böden 20 Minuten leicht goldbraun backen.

Salziger Parmesanmürbeteig

160 g Mehl | 70 g Parmesan, fein gerieben | eine Prise Salz | 1 Ei | 100 g Butter, in Flöckchen

Ein Backblech mit Backpapier auslegen. Das Mehl, den Parmesan und das Salz in einer großen Schüssel gut vermischen. Das Ei und die Butter dazugeben und alles mit den Händen zu einem groben Teig verkneten. Den Teig auf eine bemehlte Arbeitsfläche geben und weiterkneten, bis er geschmeidig ist. Ist der Teig zu klebrig, einfach noch etwas Mehl dazugeben. Den Teig ausrollen und vier 15 x 12 cm große Rechtecke ausschneiden. Die Teigböden auf das vorbereitete Backblech geben, mit einer Gabel mehrmals einstechen und etwa 30 Minuten kalt stellen. Den Backofen auf 180 °C (Umluft 160 °C) vorheizen und die Böden 15–20 Minuten goldbraun backen.

ZUCKERGUSS
Zucker + Wasser

CRÈME CHANTILLY
Sahne + Zucker

SCHOKOLADENCREME
weiße Schokolade + Sahne

ITALIENISCHES BAISER
Eiweiß + Zuckersirup

MILCHREIS
Rundkornreis + heiße Milch

SAHNE
frische Sahne

KOKOSNUSSCREME
Kokosnuss + Sahne

FRANZÖSISCHES BAISER
Eiweiß + Zucker

MASCARPONE
Mascarpone + Zucker

WEISSE TOPPINGS, BAISER, PANNACOTTA

Crème Chantilly
250 g Sahne, gekühlt | 20 g Puderzucker

Die Sahne mit dem Handrührgerät steif schlagen. Den Puderzucker in die geschlagene Sahne sieben und weiterschlagen, bis der Zucker sich aufgelöst hat und alles gut vermischt ist.

Italienisches Baiser
100 g Zucker | 1 Eiweiß

Den Zucker zusammen mit 50 ml Wasser in einem kleinen Topf bei hoher Hitze etwa 10 Minuten köcheln lassen, bis die Masse zähflüssig und etwa auf die Hälfte reduziert ist. Den Zuckersirup vom Herd nehmen und beiseitestellen. Das Eiweiß mit dem Handrührgerät steif schlagen. Wenn der Eischnee Spitzen zieht, den Zuckersirup in einem dünnen Strahl unter ständigem Schlagen dazugeben. Den Eischnee weiterschlagen, bis alles gut vermischt ist und eine glänzende, weiche Masse entsteht.

Französisches Baiser
1 Eiweiß | 35 g Zucker | 40 g Puderzucker

Den Backofen auf 80 °C (Umluft 60 °C) vorheizen und ein Backblech mit Backpapier auslegen. Das Eiweiß mit dem Handrührgerät steif schlagen. Ist das Eiweiß halbsteif, den Zucker einrieseln lassen. Den Eischnee weiterschlagen, bis er Spitzen zieht, dann den Puderzucker mit einem Teigschaber vorsichtig unterheben. Aus der Baisermasse zwei 15 x 12 cm große Rechtecke auf dem Backblech ausstreichen und die Ränder und die Oberfläche mit dem Teigschaber glatt streichen. Die Baisers etwa 2 Stunden im Backofen trocknen lassen, bis sie sich leicht vom Backpapier lösen lassen.

Pannacotta
90 g Zucker | 400 g Sahne | 400 ml Milch | 1 TL Gelatinepulver | 1 Vanilleschote

Den Zucker, die Sahne, die Milch und die Gelatine in einem Topf bei mittlerer Hitze erwärmen. Die Vanilleschote der Länge nach durchschneiden und das Mark mit der Messerspitze herauskratzen. Das Vanillemark und die Schote ebenfalls in den Topf geben. Einmal aufkochen und dann 30 Sekunden köcheln lassen. Den Topf vom Herd nehmen und die Vanilleschote entfernen. Die Creme in ein tiefes, mindestens 24 x 15 cm großes Backblech gießen und mindestens 3 Stunden kalt stellen, bis sie fest geworden ist. Die Pannacotta auf eine glatte Oberfläche stürzen und mit einem nassen Messer vorsichtig zwei 14 x 11 cm große Rechtecke ausschneiden.

DIE KULINARISCHE FARBPALETTE

WEISS
Litschi, Mandel, Kokosnuss, Jakobsmuschel, Feta, Lauch, weiße Schokolade, Sahne, Joghurt, Pastinake …

BEIGE
Pfirsich, weißer Sesam, Pilze, Birne, Kichererbsen, Foie gras …

GELB
Banane, Zitrone, Ananas, Mango, gelbe Tomate …

ORANGE
Aprikose, Kürbis, Papaya, Karotte, Süßkartoffel, Orange …

PINK
Ringelbete (Chioggia-Bete), Rhabarber, Feige, rosa Fondant, Grapefruit, Cranberry, Lachs …

ROT
Himbeere, Erdbeere, rote Johannisbeere, Apfel, Tomate, Paprika, Granatapfel …

DIE KULINARISCHE FARBPALETTE

VIOLETT
Lavendel, violettes Baiser, Pflaume, Blaubeere, Rote Bete, lila Kartoffel …

BLAU
Curaçao, blaue Bonbons, Blauschimmelkäse …

GRÜN
Spinat, Minze, Matcha, Erbsen, Kiwi, Bohnen, Rucola, Pistazie, Gurke …

HELLBRAUN
Maronen, Karamell, Milchschokolade, Zimt, Dattel, Haselnuss, Muskatnuss …

BRAUN
Bitterschokolade, Kaffee, Schwarztee, Krokant, Dulce de Leche …

SCHWARZ
Brombeere, Trüffel, Lakritze, Tintenfischtinte, Blutwurst, schwarzer Sesam …

REZEPTE

LITSCHI – BAISER

Boden 1 × französisches Baiser (Seite 19)
Weißes Topping 150 g Sahne
Farbiges Topping 24 Litschis, geschält und entkernt

Für die Tarteböden französisches Baiser nach dem Grundrezept auf Seite 19 zubereiten.

Für das weiße Topping die Sahne mit dem Handrührgerät steif schlagen.

Die geschlagene Sahne auf den Baiserböden verteilen und die oberen zwei Drittel der Tartes mit Litschis belegen.

MANDEL – BAISER

Boden 1 × französisches Baiser (Seite 19)

Weißes Topping 150 g Sahne
2 TL Puderzucker

Farbiges Topping 50 g geschälte Mandeln (Mandelblättchen)

Für die Tarteböden französisches Baiser nach dem Grundrezept auf Seite 19 zubereiten.

Für das weiße Topping die Sahne mit dem Handrührgerät steif schlagen. Den Puderzucker dazugeben und weiterschlagen, bis sich der Zucker aufgelöst hat und alles gut vermischt ist.

Die geschlagene Sahne auf den Baiserböden verteilen und die oberen zwei Drittel mit den Mandeln belegen. Nach Belieben die Tartes mit einer Orangen-Passionsfrucht-Creme oder gemischten roten Beeren servieren.

KICHERERBSEN – ZITRONE

Boden 50 g Mehl | 20 g Speisestärke | Salz
2 TL Backpulver | 200 g griechischer Joghurt
40 g Crème fraîche | 2 Eiweiß | Olivenöl

Farbiges Topping 250 g Kichererbsen aus der Dose
Saft von 1 Zitrone | 120 ml Olivenöl
½ TL edelsüßes Paprikapulver | Salz | Pfeffer

Weißes Topping 2 EL Crème fraîche
einige Spritzer Zitronensaft

Für die Tarteböden Blinis zubereiten. Das Mehl, die Speisestärke, das Salz und das Backpulver in einer Schüssel gut vermischen. Eine Mulde in die Mitte drücken und 4 Esslöffel warmes Wasser hineingeben. Den Joghurt und die Crème fraîche dazugeben und alles gut verrühren. Die Eiweiße steif schlagen und dann den Eischnee vorsichtig unter den Teig heben. Den Teig mit Frischhaltefolie zudecken und etwa 1 Stunde kalt stellen.

Für das farbige Topping die Kichererbsen abgießen, in die Küchenmaschine geben und pürieren, dabei nach und nach den Zitronensaft hinzufügen. Das Olivenöl und das Paprikapulver dazugeben, mit Salz und Pfeffer würzen und weiter pürieren, bis eine glatte Masse entsteht. Nach Bedarf noch Zitronensaft oder Öl hinzugeben.

Für das weiße Topping die Sahne zusammen mit dem Zitronensaft mit dem Handrührgerät steif schlagen.

Etwas Olivenöl in eine Pfanne geben und bei mittlerer Hitze erwärmen. Eine rechteckige, etwa 14 x 11 cm große Ausstechform in die Pfanne setzen und die Hälfte des Teiges in die Form gießen. Den Blini 3–5 Minuten backen, bis sich auf der Oberseite Bläschen bilden und der Boden leicht gebräunt ist. Den Blini wenden und weitere 3–5 Minuten backen. Aus dem restlichen Teig einen zweiten Blini backen.

Das Kichererbsenpüree auf den oberen zwei Dritteln der Blinis verteilen, die Sahne auf dem unteren Drittel.

IRISH COFFEE – CRÈME CHANTILLY

Boden 50 g weiche Butter | 80 g Mehl
70 g Zucker | 4 EL Whiskey

Farbiges Topping 30 g Zucker | ¼ TL Gelatinepulver
100 ml Espresso, frisch gebrüht | 150 g Sahne

Weißes Topping 100 g Sahne
1 EL Puderzucker

Für die Tarteböden Streusel zubereiten. Den Backofen auf 180 °C (Umluft 160 °C) vorheizen und ein Backblech mit Backpapier auslegen. Die Butter, das Mehl und den Zucker verrühren. Den Whiskey dazugeben und alles mit den Händen verkneten. Den Teig dabei zwischen den Fingern verreiben, bis Streusel entstehen. Die Streusel auf das Backblech geben und etwa 15 Minuten backen, bis sie goldbraun sind.

Für das farbige Topping den Zucker, die Gelatine und den Espresso in einem kleinen Topf bei mittlerer Hitze erwärmen. Die Flüssigkeit einmal aufkochen und dann 30 Minuten köcheln lassen. Beiseitestellen und abkühlen lassen. Die Sahne steif schlagen. Die abgekühlte Kaffee-Flüssigkeit vorsichtig unter die geschlagene Sahne heben und verrühren, bis alles gut vermischt ist. Die Irish-Coffee-Creme in einen Spritzbeutel füllen und bis zur Verwendung im Kühlschrank aufbewahren.

Für das weiße Topping die Sahne mit dem Handrührgerät steif schlagen. Den Zucker dazugeben und weiterschlagen, bis alles gut vermischt ist. Die Crème Chantilly ebenfalls in einen Spritzbeutel füllen.

Die Streusel auf zwei Tellern zu jeweils 14 x 11 cm großen Rechtecken arrangieren. Die Irish-Coffee-Creme auf die oberen zwei Drittel und die Crème Chantilly auf das untere Drittel der Böden spritzen.

KARAMELL – CRÈME CHANTILLY

Boden 1 × süßer Mürbeteig (Seite 17)

Farbiges Topping 100 g Zucker | 50 g Butter
250 g Sahne, gekühlt | eine Prise Meersalz

Weißes Topping 100 g Sahne
1 EL Puderzucker

Für die Tarteböden einen süßen Mürbeteig nach dem Grundrezept auf Seite 17 zubereiten und backen.

Für das farbige Topping den Zucker in einem schweren Topf bei mittlerer Hitze schmelzen, bis er Farbe annimmt. Ist der Zucker leicht karamellisiert, die Butter und 100 g Sahne dazugeben. Das Karamell 3–4 Minuten unter ständigem Rühren mit einem Holzkochlöffel weiter köcheln lassen, vom Herd nehmen und mit einer Prise Meersalz abschmecken. Beiseitestellen und abkühlen lassen. Die restliche Sahne mit dem Handrührgerät steif schlagen. Das abgekühlte Karamell vorsichtig unter die geschlagene Sahne heben und die Creme mindestens 2 Stunden kalt stellen, dann in einen Spritzbeutel füllen und bis zur Verwendung im Kühlschrank aufbewahren.

Für das weiße Topping die Sahne mit dem Handrührgerät steif schlagen. Den Zucker darübersieben und ein paar Sekunden weiterschlagen, bis alles gut vermischt ist. Die Crème Chantilly ebenfalls in einen Spritzbeutel füllen.

Die Karamellcreme auf die oberen zwei Drittel und die Sahne auf das untere Drittel der Böden spritzen.

BIRNE – MILCHREIS

Boden 500 ml Milch | 20 g Zucker
1 Vanilleschote | 90 g Rundkornreis
Farbiges Topping 2 Birnen | 20 g Zucker

Für die Tarteböden aus Milchreis die Milch und den Zucker in einem schweren Topf bei mittlerer Hitze langsam zum Kochen bringen. Die Vanilleschote der Länge nach durchschneiden und das Mark mit der Messerspitze herauskratzen. Das Vanillemark und -schote in den Topf geben. Wenn die Milch kocht, die Hitze reduzieren, den Reis dazugeben und etwa 20 Minuten unter gelegentlichem Rühren auf kleiner Flamme ziehen lassen, bis der Reis gar ist. Die Vanilleschote entfernen, den Milchreis in eine Schüssel geben, beiseitestellen und abkühlen lassen.

Für das farbige Topping die Birnen in kleine Würfel schneiden.

Den Milchreis auf zwei Teller verteilen und zwei 14 x 11 cm große Rechtecke formen. Die Birnenwürfel auf den oberen zwei Dritteln der Rechtecke verteilen und die Tartes mit Zucker bestreuen.

HIMBEERE – SCHOKOLADE

Boden ½ × Schokoladenmürbeteig (Seite 17)

Farbiges Topping 90 g Bitterschokolade | 3 Eier, getrennt
250 g Himbeeren | essbarer Goldstaub, zum Garnieren

Weißes Topping 150 g Sahne
1 EL Puderzucker

Für die Tarteböden einen Schokoladenmürbeteig nach dem Grundrezept auf Seite 17 zubereiten und backen.

Für das farbige Topping die Schokolade in einer hitzebeständigen Schüssel über einem Wasserbad unter gelegentlichen Rühren schmelzen. Ist die Schokolade geschmolzen, die Schüssel vom Wasserbad nehmen und die Eigelbe vorsichtig unterrühren. Die Eiweiße mit dem Handrührgerät steif schlagen. Den Eischnee vorsichtig unter die Schokoladenmasse heben. Die Schokoladenmousse in einen Spritzbeutel füllen und für mindestens 1 Stunde kalt stellen. Die Himbeeren mit einem weichen Pinsel mit Goldstaub bestäuben.

Für das weiße Topping die Sahne mit dem Handrührgerät steif schlagen. Den Zucker darübersieben und einige Sekunden weiterschlagen, bis alles gut vermischt ist. Die Crème Chantilly ebenfalls in einen Spritzbeutel füllen.

Die Schokoladenmousse auf die oberen zwei Drittel der Böden spritzen und die Himbeeren darauf arrangieren. Die Crème Chantilly auf das untere Drittel spritzen und die Tartes servieren.

PASSIONSFRUCHT – CHEESECAKE

Boden 100 g Gewürzkekse (oder Vollkorn-Butterkekse)
80 g Butter

Farbiges Topping Fruchtfleisch von 5 großen Passionsfrüchten
50 g Zucker

Weißes Topping 300 g Frischkäse | 250 g Mascarpone
150 g Zucker | 4 Eier

Für die Keksböden die Kekse fein zerbröseln und in eine große Schüssel geben. Die Butter schmelzen und mit den Keksbröseln vermischen. Eine kleine Kuchenform mit Backpapier auslegen und die Keks-Butter-Mischung auf dem Boden verteilen. Den Keksboden mindestens 1 Stunde kühl stellen.

Für das farbige Topping das Passionsfruchtfleisch und den Zucker gut vermischen.

Für das weiße Topping den Backofen auf 160 °C (Umluft 140 °C) vorheizen. Den Frischkäse, die Mascarpone, den Zucker und die Eier mit dem Handrührgerät gut verrühren. Die Frischkäsefüllung auf dem erkalteten Keksboden verteilen und den Cheesecake etwa 50 Minuten backen. Den Kuchen aus dem Ofen nehmen und abkühlen lassen.

Aus dem Cheesecake zwei 14 x 11 cm große Rechtecke ausschneiden. Das Passionsfruchtfleisch auf den oberen zwei Dritteln der Cheesecake-Böden verteilen und die Tartes servieren.

ZITRONE – BAISER

Boden 1 × süßer Mürbeteig (Seite 17)
Abrieb von 1 Bio-Bergamotte oder Bio-Orange

Farbiges Topping 100 g Zucker
5 Eigelb | Saft und Abrieb von 4 Bio-Zitronen
500 ml Milch | 50 g Speisestärke

Weißes Topping 1 × italienisches Baiser (Seite 19)

Für die Tarteböden einen süßen Mürbeteig nach dem Grundrezept auf Seite 17 zubereiten, dabei anstelle der Vanilleschote den Abrieb einer Bio-Bergamotte oder einer Bio-Orange verwenden, und backen.

Für das farbige Topping den Zucker und die Eigelbe schaumig schlagen. Die Ei-Zucker-Mischung in einen Topf gießen und bei mittlerer Hitze erwärmen. Den Zitronensaft, die Milch und die Hälfte des Zitronenabriebs dazugeben und zum Kochen bringen. Dann die Speisestärke unterrühren und die Creme unter ständigem Rühren eindicken lassen. Den Topf vom Herd nehmen und die Creme abkühlen lassen. Die Zitronencreme in einen Spritzbeutel füllen und bis zur Verwendung im Kühlschrank aufbewahren.

Für das weiße Topping ein italienisches Baiser nach dem Grundrezept auf Seite 19 zubereiten und in einen Spritzbeutel füllen.

Die Zitronencreme auf die oberen zwei Drittel der Böden, das Baiser auf das untere Drittel spritzen. Die Zitronencreme mit dem übrigen Zitronenabrieb bestreuen und das Baiser vor dem Servieren nach Belieben mit einem kleinen Bunsenbrenner leicht bräunen.

BANANE – MARSHMALLOW

Boden 2 Blätter (tunesischer) Brick-Teig (siehe Seite 12)
10 g geschmolzene Butter

Farbiges Topping 25 g Zucker | 3 Bananen, in dicken Scheiben
bunter Zucker oder weiße Schokoladenraspeln, zum Garnieren

Weißes Topping 10 Marshmallows

Für die Tarteböden den Backofen auf 180 °C (Umluft 160 °C) vorheizen und ein Backblech mit Backpapier auslegen. Den Brick-Teig in vier 14 x 11 cm große Rechtecke schneiden. Die Teigrechtecke auf das vorbereitete Backblech geben und mit der geschmolzenen Butter bestreichen. Die Böden 3–4 Minuten backen, bis sie leicht goldbraun sind.

Für das farbige Topping den Zucker in einem schweren Topf bei mittlerer Hitze schmelzen. Wenn der Zucker leicht Farbe annimmt, die Bananenscheiben dazugeben und 1–2 Minuten karamellisieren, bis sie weich sind.

Für das weiße Topping die Marshmallows und 50 ml Wasser in einer Schüssel über dem Wasserbad unter gelegentlichem Rühren erhitzen, bis die Marshmallows geschmolzen sind. Die Schüssel vom Wasserbad nehmen und die Marshmallow-Creme einige Minuten abkühlen lassen (nicht zu lange, sonst wird die Masse zu fest!).

Auf zwei Tellern je zwei Teigrechtecke aufeinanderlegen. Die karamellisierten Bananen auf den oberen zwei Dritteln der Böden verteilen, die Marshmallow-Creme auf dem unteren Drittel verstreichen. Die Tartes mit buntem Zucker oder weißen Schokoladenraspeln bestreuen.

ANANAS – CRÈME CHANTILLY

Boden 1 × süßer Mürbeteig (Seite 17)

Farbiges Topping 1 kleine Ananas
20 g Puderzucker

Weißes Topping 1 × Crème Chantilly (Seite 19)

Für die Tarteböden einen süßen Mürbeteig nach dem Grundrezept auf Seite 17 zubereiten und backen.

Für das farbige Topping den Backofen auf 180 °C (Umluft 160 °C) vorheizen und ein Backblech mit Backpapier auslegen. Den oberen Teil der Ananas entfernen und mit einem Hobel oder einem scharfen Messer 10 dünne Scheiben Ananas abschneiden. Die Ananasscheiben auf dem vorbereiteten Backblech auslegen, mit Puderzucker bestäuben, mit einer zweiten Lage Backpapier bedecken und mit Reis oder Hülsenfrüchten beschweren, damit sich das Backpapier nicht nach oben wölbt. Die Ananasscheiben etwa 30 Minuten backen, bis sie leicht karamellisiert sind. In der Zwischenzeit Schale und Strunk der restlichen Ananas entfernen und das Fruchtfleisch in feine Würfel schneiden.

Für das weiße Topping eine Crème Chantilly nach dem Grundrezept auf Seite 19 zubereiten.

Die Crème Chantilly auf den Böden verteilen. Die Ananaswürfel auf den oberen zwei Dritteln der Böden verteilen und mit den karamellisierten Ananasscheiben belegen.

ORANGE – CRÈME CHANTILLY

Boden 1 × süßer Mürbeteig (Seite 17)
Abrieb von 1 Bio-Orange

Farbiges Topping 3 Orangen | 20 g Puderzucker
100 g Zucker | 5 Eigelb
500 ml Milch | 50 g Speisestärke

Weißes Topping 1 × Crème Chantilly (Seite 19)

Für die Tarteböden einen süßen Mürbeteig nach dem Grundrezept auf Seite 17 zubereiten, dabei allerdings anstelle der Vanilleschote den Abrieb einer Bio-Orange verwenden, und backen.

Für das farbige Topping den Backofen auf 180 °C (Umluft 160 °C) vorheizen und ein Backblech mit Backpapier auslegen. 2 Orangen in sehr feine Scheiben schneiden. Die Orangenscheiben auf dem vorbereiteten Backblech auslegen, mit Puderzucker bestäuben, mit einer zweiten Lage Backpapier bedecken und mit Reis oder Hülsenfrüchten beschweren, damit sich das Backpapier nicht nach oben wölbt. Die Orangenscheiben etwa 30 Minuten backen, bis sie leicht karamellisiert sind. In der Zwischenzeit die übrige Orange auspressen. Den Puderzucker und die Eigelbe schaumig schlagen. Die Ei-Zucker-Mischung in einen Topf geben, die Milch und den Orangensaft dazugießen und alles bei mittlerer Hitze zum Kochen bringen. Dann die Speisestärke unterrühren und die Creme unter ständigem Rühren eindicken lassen. Den Topf vom Herd nehmen und die Orangencreme abkühlen lassen.

Für das weiße Topping eine Crème Chantilly nach dem Grundrezept auf Seite 19 zubereiten.

Die Orangencreme auf den oberen zwei Dritteln der Böden, die Crème Chantilly auf dem unteren Drittel verteilen. Die kandierten Orangenscheiben auf der Orangencreme arrangieren und die Tartes servieren.

KÜRBIS – SPECK

Weißes Topping 70 g Speck | 150 g Sahne

Boden 1 × salziger Haselnussmürbeteig (Seite 17)

Farbiges Topping 500 g Butternusskürbis
20 g Butter| 10 g Parmesan | 1 EL Sahne
1 Ei | 1 EL Mehl| 1 TL Zucker
Salz und frisch gemahlener schwarzer Pfeffer

Für das weiße Topping den Speck in einer Pfanne bei mittlerer Hitze auslassen und dann auf Küchenpapier abtropfen lassen. Den Speck und die Sahne in einen Topf geben und etwa 5 Minuten bei geringer Hitze köcheln lassen. Die Specksahne vom Herd nehmen, beiseitestellen und abkühlen lassen, dann mindestens 2 Stunden kalt stellen.

Für die Tarteböden einen salzigen Haselnussmürbeteig nach dem Grundrezept auf Seite 17 vorbereiten, aber noch nicht backen. Den Backofen auf 180 °C (Umluft 160 °C) vorheizen.

Für das farbige Topping den Kürbis in Würfel schneiden und in leicht gesalzenem Wasser etwa 15 Minuten kochen, bis der Kürbis gar ist. Das Wasser abgießen und den Kürbis mit einem Kartoffelstampfer stampfen. Das Kürbispüree durch ein feinmaschiges Sieb streichen, so wird es glatt und geschmeidig. Die Butter, den Parmesan, die Sahne, das Ei, das Mehl und den Zucker unter das Kürbispüree rühren und alles mit Salz und Pfeffer würzen. Die Kürbisfüllung auf den vorbereiteten Teigböden verteilen und etwa 20 Minuten backen. Die Tartes aus dem Ofen nehmen und etwa 5 Minuten abkühlen lassen.

In der Zwischenzeit die Specksahne absehen und den Speck entfernen. Die Sahne mit dem Handrührgerät steif schlagen. Die Specksahne auf dem unteren Drittel der Kürbistartes verteilen und servieren.

APRIKOSE – CRÈME CHANTILLY

Boden 1 × süßer Mürbeteig (Seite 17)

Farbiges Topping 70 g Puderzucker
70 g Butter, in Flöckchen | 70 g gemahlene Mandeln
7 Aprikosen, in dünnen Scheiben | 25 g Zucker
15 g geröstete Mandeln, grob gehackt

Weißes Topping 150 g Sahne, gekühlt
1 EL Puderzucker

Für die Tarteböden einen süßen Mürbeteig nach dem Grundrezept auf Seite 17 zubereiten, aber noch nicht backen. Den Backofen auf 180 °C (Umluft 160 °C) vorheizen.

Für das farbige Topping den Puderzucker, die Butter und die gemahlenen Mandeln mit dem Handrührgerät gut verrühren. Die Butter-Nuss-Mischung auf den oberen zwei Dritteln der gekühlten Teigböden verteilen und die Aprikosenscheiben darauf arrangieren. Mit Zucker und mit den gehackten Mandeln bestreuen (etwas mehr Zucker verwenden, falls die Aprikosen noch nicht so süß sind). Die Tartes etwa 20 Minuten backen, dann beiseitestellen und abkühlen lassen.

Für das weiße Topping die Sahne mit dem Handrührgerät steif schlagen. Den Zucker darübersieben und ein paar Sekunden weiterschlagen, bis alles gut vermischt ist.

Die Crème Chantilly auf dem unteren Drittel der Aprikosentartes verteilen und servieren.

KAROTTE – MOZZARELLA

Boden 1 × salziger Parmesanmürbeteig (Seite 17)

Weißes Topping 25 g Sahne
100 g frischer Mozzarella, in Würfeln
50 g Mascarpone | Salz und frisch gemahlener schwarzer Pfeffer

Farbiges Topping 5 Karotten, geschält und in Dreiecke geschnitten
30 g Butter | eine Prise Kurkuma | Salz und
frisch gemahlener schwarzer Pfeffer | weißer Sesam, zum Garnieren

Für die Tarteböden einen salzigen Parmesanmürbeteig nach dem Grundrezept auf Seite 17 zubereiten und backen.

Für das weiße Topping die Sahne und den Mozzarella in einem Topf bei mittlerer Hitze unter gelegentlichem Rühren erwärmen, bis der Mozzarella geschmolzen ist. Den Topf vom Herd nehmen, die Mascarpone unterrühren und die Mozzarellacreme mit Salz und Pfeffer würzen. Die Creme beiseitestellen und abkühlen lassen, dann etwa 30 Minuten kalt stellen, bis sie fest geworden ist.

Für das farbige Topping die Karotten in leicht gesalzenem Wasser etwa 8 Minuten kochen, bis sie bissfest sind. Die Butter in einer Pfanne bei mittlerer Hitze zerlassen. Die Karotten und die Kurkuma dazugeben, mit Salz und Pfeffer würzen und etwa 5–6 Minuten sanft anbraten.

Die Karotten auf den oberen zwei Dritteln der Böden, die Mozzarellacreme auf dem unteren Drittel verteilen. Die Tartes vor dem Servieren mit weißem Sesam bestreuen.

GRAPEFRUIT – PANNACOTTA

Boden 1 × Pannacotta (Seite 19)

Farbiges Topping 2 rosa Grapefruits
1½ TL Gelatinepulver
30 g Zucker | etwas Zucker zum Bestreuen

Für die Tarteböden eine Pannacotta nach dem Grundrezept auf Seite 19 zubereiten.

Für das farbige Topping eine der beiden Grapefruits auspressen, die zweite schälen und filetieren. Dabei darauf achten, dass die weiße Haut ganz entfernt wird. Die Grapefruitfilets in den Kühlschrank geben. Den Grapefruitsaft, den Zucker und die Gelatine in einem Topf bei mittlerer Hitze zum Kochen bringen. Den Topf vom Herd nehmen und die Flüssigkeit sofort in eine rechteckige, mindestens 22 x 11 cm große Form gießen. Die Flüssigkeit sollte etwa 3 mm hoch stehen. Das Grapefruitgelee mindestens 1 Stunde kalt stellen, bis es fest geworden ist.

Das Grapefruitgelee aus der Form lösen und in Quadrate schneiden. Die Quadrate vorsichtig auf die oberen zwei Drittel der Pannacotta setzen und die Grapefruitfilets darauf verteilen. Die Tartes noch mit etwas Zucker bestreuen, falls die Grapefruits zu sauer sind.

LACHS – ZITRONE

Boden 50 g Mehl | 20 g Speisestärke | Salz
2 TL Backpulver | 200 g griechischer Joghurt
40 g Crème fraîche
2 Eiweiß | Olivenöl

Weißes Topping 2 EL Crème fraîche oder Sauerrahm
einige Spritzer Zitronensaft

Farbiges Topping 150 g Räucherlachs

Für die Tarteböden Blinis zubereiten. Das Mehl, die Speisestärke, das Salz und das Backpulver in einer Schüssel gut vermischen. Eine Mulde in die Mitte drücken und 4 Esslöffel warmes Wasser hineingeben. Den Joghurt und die Crème fraîche dazugeben und alles gut verrühren. Die Eiweiße steif schlagen, dann den Eischnee vorsichtig unter den Teig heben. Den Teig mit Frischhaltefolie zudecken und etwa 1 Stunde kalt stellen.

Für das weiße Topping die Crème fraîche und den Zitronensaft gut vermischen.

Etwas Olivenöl in eine Pfanne geben und bei mittlerer Hitze erhitzen. Eine rechteckige, etwa 14 x 11 cm große Ausstechform in die Pfanne setzen und die Hälfte des Teiges in die Form gießen. Den Blini 3–5 Minuten backen, bis sich auf der Oberseite Bläschen bilden und der Boden leicht gebräunt ist. Den Blini wenden und weitere 3–5 Minuten backen. Aus dem restlichen Teig einen zweiten Blini backen.

Den Räucherlachs auf den oberen zwei Dritteln der Blinis arrangieren und die Crème fraîche auf dem unteren Drittel verteilen.

ROSA ZUCKER – LITSCHI

Boden 100 g Butter | eine Prise Salz
1 TL Zucker | 150 g Mehl | 4 Eier
Weißes Topping 1 × Crème Chantilly (Seite 19)
Farbiges Topping 250 g Fondant | rote Lebensmittelfarbe
10 Litschis, in kleinen Würfeln

Für die Tarteböden aus Brandteig den Backofen auf 160 °C (Umluft 140 °C) vorheizen und ein Backblech mit Backpapier auslegen. Die Butter, das Salz und den Zucker mit 250 ml Wasser in einem Topf bei mittlerer Hitze zum Kochen bringen. Vom Herd nehmen und das Mehl auf einmal dazugeben und unterrühren. Den Topf wieder auf den Herd stellen und bei mittlerer Hitze so lange rühren, bis sich ein geschmeidiger Teig bildet, der sich von den Seiten des Topfes löst. Den Teig in eine Schüssel geben und nacheinander die Eier unterrühren. Jeweils gut vermengen, bevor das nächste Ei dazugegeben wird. Den Brandteig in einen Spritzbeutel mit breiter Tülle füllen und zwei etwa 14 x 11 cm große Rechtecke auf das vorbereitete Backblech spritzen. Aus dem restlichen Teig kleine Bällchen auf das Backblech spritzen. Eine Gabel in Wasser tauchen und damit die Spitzen etwas glätten. Die Teigböden und die Bällchen 30–35 Minuten backen, bis sie goldbraun sind.

Für das weiße Topping eine Crème Chantilly nach dem Grundrezept auf Seite 19 zubereiten und in einen Spritzbeutel füllen.

Für das farbige Topping das Fondant erwärmen und rote Lebensmittelfarbe unterrühren, bis es hellrosa ist. Die obere Hälfte der Bällchen in das flüssige Fondant tauchen, dann beiseitestellen und trocknen lassen. Die Unterseiten der Bällchen mit einem scharfen Messer einschneiden und mit etwas Crème Chantilly und einigen Litschiwürfeln füllen.

Die gefüllten Brandteigbällchen auf den oberen zwei Dritteln der Brandteigböden arrangieren, die restliche Crème Chantilly auf das untere Drittel spritzen.

ZUCKERWATTE – MARSHMALLOW

Boden 2 Blätter (tunesischer) Brick-Teig (siehe Seite 12)
10 g geschmolzene Butter

Weißes Topping 10 Marshmallows

Farbiges Topping 40 g rosa Zuckerwatte

Für die Tarteböden den Backofen auf 180 °C (Umluft 160 °C) vorheizen und ein Backblech mit Backpapier auslegen. Den Brick-Teig in vier 14 x 11 cm große Rechtecke schneiden. Die Teigrechtecke auf das vorbereitete Backblech geben und mit der geschmolzenen Butter bestreichen. Die Böden 3–4 Minuten backen, bis sie leicht goldbraun sind.

Für das weiße Topping die Marshmallows und 50 ml Wasser in einer Schüssel über dem Wasserbad unter gelegentlichem Rühren erhitzen, bis die Marshmallows geschmolzen sind. Die Marshmallow-Creme vom Wasserbad nehmen und einige Minuten abkühlen lassen (nicht zu lange, sonst wird die Masse zu fest!).

Auf zwei Tellern je zwei Teigrechtecke aufeinanderlegen. Die Zuckerwatte auf den oberen zwei Dritteln der Böden verteilen, die Marshmallow-Creme auf dem unteren Drittel verstreichen.

HIMBEERE – CRÈME CHANTILLY

Boden 1 × süßer Mürbeteig (Seite 17)

Farbiges Topping 125 g Himbeeren | 30 g Zucker
¾ TL Gelatinepulver | rote Johannisbeeren, zum Garnieren

Weißes Topping 1 × Crème Chantilly (Seite 19)

Für die Tarteböden einen süßen Mürbeteig nach dem Grundrezept auf Seite 17 zubereiten und backen.

Für das farbige Topping die Himbeeren, den Zucker und das Gelatinepulver mit 20 ml Wasser in einem Topf bei mittlerer Hitze erwärmen. Die Früchte mit einem Holzkochlöffel etwas zerstoßen, dann das Fruchtpüree einmal aufkochen lassen. Das Püree durch ein feinmaschiges Sieb streichen, um die Kerne zu entfernen. Beiseitestellen und abkühlen lassen.

Für das weiße Topping eine Crème Chantilly nach dem Grundrezept auf Seite 19 zubereiten und die Hälfte der Crème in einen Spritzbeutel füllen.

Das Beerenpüree vorsichtig unter die restliche Crème Chantilly heben, dann die Beerencreme auf den oberen zwei Dritteln der Böden verteilen. Die Crème Chantilly auf das untere Drittel spritzen und die Tartes mit roten Johannisbeeren garnieren.

ROTE BETE – ZIEGENKÄSE

Boden 1 × salziger Parmesanmürbeteig (Seite 17)

Farbiges Topping 1 Rote Bete, geschält | 3 EL Olivenöl
1 EL Balsamico | 1 TL Senf
Salz und frisch gemahlener schwarzer Pfeffer

Weißes Topping 2 EL Crème fraîche oder Sauerrahm
80 g Ziegenfrischkäse

Für die Tarteböden einen salzigen Parmesanmürbeteig nach dem Grundrezept auf Seite 17 zubereiten und backen.

Für das farbige Topping die Rote Bete mit einem Hobel oder einem scharfen Messer in sehr dünne Scheiben schneiden. Das Öl, den Essig und den Senf in einer kleinen Schüssel zu einem Dressing verrühren und mit Salz und Pfeffer würzen.

Für das weiße Topping die Crème fraîche und den Ziegenfrischkäse gut vermischen.

Die Rote-Bete-Scheiben auf die oberen zwei Drittel der Böden schichten und die Ziegenkäsecreme auf dem unteren Drittel verteilen. Die Tartes zusammen mit dem Dressing servieren.

FEIGE – JOGHURT

Boden 1 × süßer Mürbeteig (Seite 17)

Farbiges Topping 40 g Butter, in Flöckchen
40 g Puderzucker | 40 g gemahlene Mandeln
10 Feigen, geschält und in Scheiben
5 EL Honig

Weißes Topping 100 g griechischer Joghurt
15 g Puderzucker

Für die Tarteböden einen süßen Mürbeteig nach dem Grundrezept auf Seite 17 zubereiten, aber noch nicht backen. Den Backofen auf 180 °C (Umluft 160 °C) vorheizen.

Für das farbige Topping die Butter, den Puderzucker und die gemahlenen Mandeln mit dem Handrührgerät zu einer geschmeidigen Masse verrühren. Die Butter-Mandel-Mischung auf den oberen zwei Dritteln der gekühlten Teigböden verteilen, mit Feigenscheiben belegen und mit Honig beträufeln. Die Tartes etwa 20 Minuten backen, dann beiseitestellen und abkühlen lassen.

Für das weiße Topping den Joghurt und den Puderzucker gut miteinander vermischen.

Die Joghurtcreme auf dem unteren Drittel der Böden verstreichen und die Tartes servieren.

RHABARBER – CRÈME CHANTILLY

Boden 1 × süßer Mürbeteig (Seite 17)

Farbiges Topping 250 g Rhabarber, geputzt, gehackt
30 g Zucker | rote Lebensmittelfarbe (optional)

Weißes Topping 150 g Sahne, gekühlt | 1 Vanilleschote
10 g Puderzucker

Für die Tarteböden einen süßen Mürbeteig nach dem Grundrezept auf Seite 17 zubereiten und backen.

Für das farbige Topping den Rhabarber in einen mittelgroßen Topf geben und bei mittlerer Hitze mit dem Zucker und 20 ml Wasser erhitzen. Das Kompott leicht köcheln lassen, bis der Rhabarber zerfällt. Das Rhabarberkompott kosten – wenn es zu säuerlich ist, einfach noch etwas Zucker dazugeben. Um dem Kompott ein schönes, sattes Rot zu verleihen, einige Tropfen rote Lebensmittelfarbe unterrühren.

Für das weiße Topping die Schlagsahne in eine Rührschüssel geben. Die Vanilleschote der Länge nach durchschneiden, das Mark mit der Messerspitze herauskratzen und zur Sahne geben. Die Sahne steif schlagen. Den Puderzucker darübersieben und ein paar Sekunden weiterschlagen, bis alles gut vermischt ist.

Das Rhabarberkompott auf den oberen zwei Dritteln und die Crème Chantilly auf dem unteren Drittel der Böden verteilen.

TOMATE – MOZZARELLA

Boden 1 × salziger Parmesanmürbeteig (Seite 17)

Weißes Topping 100 g frischer Mozzarella, in Würfeln
25 g Sahne | 50 g Mascarpone
Salz und frisch gemahlener schwarzer Pfeffer

Farbiges Topping 12 Kirschtomaten, halbiert
Olivenöl, zum Beträufeln | Salz

Für die Tarteböden einen salzigen Parmesanmürbeteig nach dem Grundrezept auf Seite 17 zubereiten und backen.

Für das weiße Topping die Sahne und den Mozzarella in einem Topf bei mittlerer Hitze unter gelegentlichem Rühren erwärmen, bis der Mozzarella geschmolzen ist. Den Topf vom Herd nehmen, die Mascarpone unterrühren und die Masse mit Salz und Pfeffer würzen. Die Mozzarellacreme beiseitestellen und abkühlen lassen, dann etwa 30 Minuten kalt stellen, bis sie fest geworden ist.

Für das farbige Topping den Backofen auf 180 °C (Umluft 160 °C) vorheizen. Die halbierten Kirschtomaten auf einem mit Backpapier ausgelegten Backblech verteilen und mit Olivenöl beträufeln. Die Tomaten etwa 20 Minuten backen, bis sie leicht karamellisiert sind.

Die karamellisierten Kirschtomaten auf den oberen zwei Dritteln der Böden verteilen und mit Salz würzen. Die Mozzarellacreme auf dem unteren Drittel verstreichen und die Tartes servieren.

ERDBEERE – PUDERZUCKER

Boden 1 × süßer Mürbeteig (Seite 17)

Farbiges Topping 1 EL weißer Balsamico
35 g Zucker | einige Minzeblätter
15 Erdbeeren, entstielt und halbiert
80 g Erdbeerkonfitüre

Weißes Topping 70 g Puderzucker

Für die Tarteböden einen süßen Mürbeteig nach dem Grundrezept auf Seite 17 zubereiten und backen.

Für das farbige Topping den Balsamico, den Zucker und einige Minzeblätter in einer kleinen Schüssel vermischen. Die Erdbeerhälften dazugeben und etwa 10 Minuten marinieren.

Für das weiße Topping den Puderzucker mit etwa 1 Esslöffel Wasser vermischen (der Zuckerguss muss dick genug sein, um nicht zu zerlaufen, und sich dennoch gut verstreichen lassen).

Die Erdbeerkonfitüre auf den oberen zwei Dritteln der Böden verstreichen und die marinierten Erdbeeren darauf verteilen. Den Zuckerguss auf dem unteren Drittel verteilen und die Tartes mit einigen frischen Minzeblättern garnieren.

ROTE BEEREN – CRÈME CHANTILLY

Boden 1 × süßer Mürbeteig (Seite 17)

Weißes Topping 150 g Sahne, gekühlt
10 g Puderzucker

Farbiges Topping 5 EL Rote-Beeren-Konfitüre
250 g Himbeeren | 200 g rote Johannisbeeren

Für die Tarteböden einen süßen Mürbeteig nach dem Grundrezept auf Seite 17 zubereiten und backen.

Für das weiße Topping die Sahne mit dem Handrührgerät steif schlagen. Den Zucker darübersieben und ein paar Sekunden weiterschlagen, bis alles gut vermischt ist.

Die Konfitüre auf den oberen zwei Dritteln der Böden verstreichen und die Himbeeren und Johannisbeeren abwechselnd darauf arrangieren. Die Crème Chantilly auf dem unteren Drittel der Böden verteilen und die Tartes servieren.

CRANBERRY – CRÈME CHANTILLY

Boden 2 × süßer Mürbeteig (Seite 17) | rote Lebensmittelfarbe

Farbiges Topping 200 g Cranberrys, grob gehackt
150 g Zucker

Weißes Topping 1 × Crème Chantilly (Seite 19)

Für die Tarteböden einen süßen Mürbeteig nach dem Grundrezept auf Seite 17 zubereiten, aber noch nicht ausrollen und backen. Den Teig in drei Teile teilen. Zwei Teile ausrollen und zwei 15 x 12 cm große Rechtecke ausschneiden. Die Teigrechtecke auf das vorbereitete Backblech geben und mit einer Gabel mehrmals einstechen. Den restlichen Teig mit einigen Tropfen roter Lebensmittelfarbe gut vermischen, bis er gleichmäßig rot gefärbt ist. Den roten Teig nun ebenfalls ausrollen und in 1 cm breite Streifen schneiden. Die Teigstreifen zu den Teigböden auf das Backblech geben und etwa 30 Minuten kalt stellen. Den Backofen auf 180 °C (Umluft 160 °C) vorheizen.

Für das farbige Topping die Cranberrys und den Zucker mit 10 ml Wasser in einem Topf bei mittlerer Hitze zum Kochen bringen. Das Cranberry-Kompott etwa 10 Minuten leicht köcheln lassen, bis das Wasser verdampft ist. Die Cranberrys auf den oberen zwei Dritteln der gekühlten Teigböden verteilen und die roten Teigstreifen darauf zu einem Gitter arrangieren (überhängende Teigstreifen abschneiden). Die Tartes etwa 20 Minuten backen, dann aus dem Ofen nehmen und abkühlen lassen.

Für das weiße Topping eine Crème Chantilly nach dem Grundrezept auf Seite 19 zubereiten und in einen Spritzbeutel füllen.

Die Crème Chantilly auf das untere Drittel der Cranberry-Tartes spritzen und servieren. (Wenn Ihnen der Geschmack der Cranberrys zu intensiv ist, können Sie die Tartes stattdessen auch mit Kirschen zubereiten.)

GRANATAPFEL – BAISER

Boden 1 × französisches Baiser (Seite 19)
Weißes Topping 150 g Sahne, gekühlt
Farbiges Topping Kerne von 1 Granatapfel

Für die Tarteböden französisches Baiser nach dem Grundrezept auf Seite 19 zubereiten.

Für das weiße Topping die Sahne mit dem Handrührgerät steif schlagen.

Die geschlagene Sahne auf den Baiserböden verstreichen und die Granatapfelkerne auf den oberen zwei Dritteln verteilen.

VIOLETTES & WEISSES BAISER

Boden 2 × französisches Baiser (Seite 19)

Farbiges Topping blaue Lebensmittelfarbe
rote Lebensmittelfarbe
einige Veilchenbonbons

Für die Tarteböden französisches Baiser nach dem Grundrezept auf Seite 19 zubereiten, eine Hälfte der Baisermasse beiseitestellen, mit der anderen Hälfte auf dem mit Backpapier ausgelegten Backblech zwei Rechtecke verstreichen.

Für das farbige Topping je einige Tropfen rote und blaue Lebensmittelfarbe zur restlichen Baisermasse geben und verrühren, bis die Masse violett ist. Die violette Baisermasse in einen Spritzbeutel mit breiter Tülle füllen und Streifen auf ein zweites mit Backpapier ausgelegtes Backblech spritzen. Die Baisers bei 80 °C (Umluft 60 °C) etwa 2 Stunden im Backofen trocknen lassen, bis sie sich leicht vom Backpapier lösen lassen. Beiseitestellen und abkühlen lassen.

Das violette Baiser vorsichtig zerbröseln und auf den oberen zwei Dritteln der Böden verteilen. Die Tartes mit einigen Veilchenbonbons garnieren und servieren.

BLAUBEERE – BAISER

Boden 1 × süßer Mürbeteig (Seite 17)
Farbiges Topping 200 g Blaubeeren | 30 g Zucker
Weißes Topping 1 × italienisches Baiser (Seite 19)

Für die Tarteböden einen süßen Mürbeteig nach dem Grundrezept auf Seite 17 zubereiten, aber noch nicht backen. Den Backofen auf 180 °C (Umluft 160 °C) vorheizen.

Für das farbige Topping die Blaubeeren auf den oberen zwei Dritteln der gekühlten Teigböden verteilen und mit Zucker bestreuen. Die Tartes etwa 20 Minuten backen, dann beiseitestellen und abkühlen lassen.

Für das weiße Topping italienisches Baiser nach dem Grundrezept auf Seite 19 zubereiten und in einen Spritzbeutel füllen.

Die Baisermasse auf das untere Drittel der Tartes spritzen. Das Baiser vor dem Servieren nach Belieben mit einem kleinen Bunsenbrenner leicht bräunen.

WEISSE SCHOKOLADE – KOKOSNUSS

Boden 1 × süßer Mürbeteig (Seite 17)

Farbiges Topping 200 ml Kokosmilch
150 g weiße Schokolade | blaue Lebensmittelfarbe
250 g Sahne, gekühlt | blaue Bonbons, zum Garnieren

Weißes Topping 10 g Kokosraspeln

Für die Tarteböden einen süßen Mürbeteig nach dem Grundrezept auf Seite 17 zubereiten und backen.

Für das farbige Topping die Kokosmilch und die weiße Schokolade in einem Topf bei mittlerer Hitze unter gelegentlichem Rühren erhitzen, bis die Schokolade geschmolzen ist. Die Kokos-Schokoladen-Mischung beiseitestellen und abkühlen lassen. Ein Drittel davon in eine kleine Schüssel gießen und beiseitestellen. Einige Tropfen blaue Lebensmittelfarbe zur restlichen Masse geben. Die Sahne mit einem Handrührgerät steif schlagen. Zwei Drittel der geschlagenen Sahne unter die blaue Kokos-Schokoladen-Mischung heben und mindestens 2 Stunden kalt stellen.

Für das weiße Topping die restliche geschlagene Sahne unter die übrige Kokos-Schokoladen-Mischung heben. Die Kokosraspeln unterrühren und mindestens 2 Stunden kalt stellen.

Beide Cremes in Spritzbeutel füllen. Die blaue Creme auf die oberen zwei Drittel der Böden und die weiße Creme auf das untere Drittel spritzen. Die Tartes mit blauen Bonbons garnieren und servieren.

CURAÇAO – BAISER

Boden 2 × französisches Baiser | blaue Lebensmittelfarbe

Farbiges Topping 20 ml Blue Curaçao
1½ TL Gelatinepulver | 3 EL Blaubeerkonfitüre

Weißes Topping 150 g Sahne
2 TL Puderzucker

Für die Tarteböden französisches Baiser nach dem Grundrezept auf Seite 19 zubereiten, allerdings nur die Hälfte der Masse auf dem mit Backpapier ausgelegten Backblech zu zwei Rechtecken verstreichen. Je einige Tropfen blaue Lebensmittelfarbe zur restlichen Baisermasse geben und verrühren. Die blaue Baisermasse in einen Spritzbeutel mit breiter Tülle füllen und Streifen auf ein zweites mit Backpapier ausgelegtes Backblech spritzen. Die Baisers bei 80 °C (Umluft 60 °C) etwa 2 Stunden im Backofen trocknen lassen, bis sie sich leicht vom Backpapier lösen lassen. Beiseitestellen und abkühlen lassen.

Für das farbige Topping den Curaçao und die Gelatine mit 20 ml Wasser in einem kleinen Topf bei mittlerer Hitze erwärmen. Die Flüssigkeit einmal aufkochen lassen. Dann auf einen Teller gießen und kalt stellen, bis das Gelee fest geworden ist. Das Curaçao-Gelee in kleine Kreise schneiden.

Für das weiße Topping die Sahne mit dem Handrührgerät steif schlagen. Den Zucker dazugeben und ein paar Sekunden weiterschlagen, bis alles gut vermischt ist. Die Crème Chantilly in einen Spritzbeutel füllen.

Die Blaubeerkonfitüre auf den oberen zwei Dritteln der Baiser-Böden verstreichen. Die weiße Creme auf die Tartes spritzen, die blauen Baiserstreifen in verschieden lange Stücke zerbrechen und auf dem oberen Drittel der Creme verteilen. Das obere Drittel der Tartes mit den blauen Geleekreisen dekorieren.

MOJITO – SAHNE

Boden 50 g Butter | 70 g Mehl
70 g Zucker

Farbiges Topping 250 g Sahne, gekühlt
1½ EL Puderzucker | einige Tropfen
Pfefferminz-Essenz | frische Minzeblätter, zum Garnieren

Weißes Topping Saft und Abrieb von 2 Bio-Limetten
1 EL Puderzucker
150 g Sahne, gekühlt

Den Backofen auf 180 °C (Umluft 160 °C) vorheizen und ein Backblech mit Backpapier auslegen.

Für die Tarteböden Streusel zubereiten. Die Butter, das Mehl und den Zucker mit den Händen verkneten. Den Teig dabei zwischen den Fingern verreiben, bis Streusel entstehen. Die Streusel auf das Backblech geben und etwa 15 Minuten backen, bis sie goldbraun sind.

Für das farbige Topping die Sahne mit dem Handrührgerät steif schlagen. Den Zucker und die Pfefferminz-Essenz dazugeben und kurz weiterschlagen, bis alles gut vermischt ist. Die Creme in einen Spritzbeutel füllen und bis zur Verwendung im Kühlschrank aufbewahren.

Für das weiße Topping den Limettensaft und den Zucker mit 10 ml Wasser in einem Topf bei mittlerer Hitze zum Kochen bringen. Die Flüssigkeit etwa 5 Minuten köcheln lassen, bis sie zu einem Sirup eingekocht ist. Den Limettensirup beiseitestellen und abkühlen lassen. Die Sahne mit dem Handrührgerät steif schlagen. Den Limettensirup dazugeben und kurz weiterschlagen, bis alles gut vermischt ist.

Die Streusel auf zwei Tellern zu je zwei 14 x 11 cm großen Rechtecken arrangieren. Die Limettencreme auf die oberen zwei Drittel, die Sahne auf das untere Drittel der Böden spritzen. Die Tartes mit Limettenabrieb und Minzeblättern bestreuen und servieren.

PISTAZIE – CRÈME CHANTILLY

Farbiges Topping 100 g weiche Butter
80 g Zucker | 1½ TL Pistazienpaste (siehe Seite 12)
2 Eigelb | 200 ml Milch | 15 g Speisestärke
25 g ungesalzene Pistazien, fein gehackt

Boden 2 Blätter (tunesischer) Brick-Teig (siehe Seite 12)
10 g geschmolzene Butter

Weißes Topping 150 g Sahne, gekühlt
1 EL Puderzucker

Für das farbige Topping die Butter mit 50 g Zucker und ½ Teelöffel Pistazienpaste gut verrühren und dann kalt stellen. Die Eigelbe mit dem restlichen Zucker schaumig rühren, dann die Speisestärke und die restliche Pistazienpaste dazugeben. Die Milch in einem Topf bei mittlerer Hitze zum Kochen bringen. Die heiße Milch vorsichtig unter die Ei-Zucker-Mischung rühren und alles zurück in den Topf gießen. Bei geringer Hitze unter ständigem Rühren eindicken lassen, dann beiseitestellen und abkühlen lassen. Ist die Creme erkaltet, diese mit dem Handrührgerät mit der gekühlten Butter-Pistazien-Mischung verrühren. Die Pistaziencreme in einen Spritzbeutel füllen und bis zur Verwendung im Kühlschrank aufbewahren.

Für die Tarteböden den Backofen auf 180 °C (Umluft 160 °C) vorheizen und ein Backblech mit Backpapier auslegen. Den Brick-Teig in vier 14 x 11 cm große Rechtecke schneiden. Die Teigrechtecke auf das vorbereitete Backblech geben und mit der geschmolzenen Butter bestreichen. Die Böden 3–4 Minuten backen, bis sie leicht goldbraun sind.

Für das weiße Topping die Sahne mit dem Handrührgerät steif schlagen. Den Puderzucker darübersieben und ein paar Sekunden weiterschlagen, bis alles gut vermischt ist.

Auf zwei Tellern je zwei Teigrechtecke aufeinanderlegen. Die Pistaziencreme auf die oberen zwei Drittel der Böden spritzen, die Crème Chantilly auf dem unteren Drittel verteilen. Die Tartes mit den gehackten Pistazien bestreuen und servieren.

APFEL – ZIMT

Weißes Topping 150 g Sahne, gekühlt
1 EL Puderzucker | 1 TL gemahlener Zimt

Boden 4 Eigelb | 45 g Zucker | 200 ml Milch
1 Vanilleschote | 4 Scheiben Weißbrot | 20 g Butter

Farbiges Topping 2 Granny-Smith-Äpfel, in dünnen Scheiben
20 g Zucker

Für das weiße Topping die Sahne mit dem Handrührgerät steif schlagen. Den Puderzucker und den Zimt darübersieben und ein paar Sekunden weiterschlagen, bis alles gut vermischt ist. Die Zimtsahne bis zur Verwendung im Kühlschrank aufbewahren.

Für die Tarteböden Arme Ritter zubereiten. Dafür die Eigelbe, den Zucker und die Milch in einer flachen Schüssel gut verrühren. Die Vanilleschote der Länge nach durchschneiden und das Mark mit der Messerspitze herauskratzen. Das Vanillemark und die Vanilleschote in die Eier-Masse geben. Die Brotscheiben jeweils mindestens 1 Minute in der Eier-Masse einweichen, bis sie sich vollgesogen haben. Die Butter in einer großen Pfanne bei mittlerer Hitze zerlassen. Die Brotscheiben nacheinander jeweils 1 Minute auf jeder Seite in der Pfanne backen, bis sie goldbraun sind.

Die Apfelscheiben auf die oberen zwei Drittel der Böden schichten und mit Zucker bestreuen. Die Zimtsahne auf dem unteren Drittel verteilen und die Tartes servieren.

GURKE – ZAZIKI

Boden 1 × salziger Parmesanmürbeteig (Seite 17)
Farbiges Topping ½ Gurke | Salz und frisch gemahlener schwarzer Pfeffer
Weißes Topping 2 EL griechischer Joghurt
Salz und frisch gemahlener schwarzer Pfeffer

Für die Tarteböden einen salzigen Parmesanmürbeteig nach dem Grundrezept auf Seite 17 zubereiten und backen.

Für das farbige Topping die Gurke schälen und etwa zwei Drittel in dünne Scheiben schneiden. Das übrige Drittel in kleine Würfel schneiden.

Für das weiße Topping die Gurkenwürfel unter den Joghurt mischen und das Zaziki mit Salz und Pfeffer würzen.

Die Gurkenscheiben auf den oberen zwei Dritteln der Böden verteilen, das Zaziki auf dem unteren Drittel verstreichen. Die Tartes mit Salz und Pfeffer würzen und servieren.

DICKE BOHNEN – ZIEGENKÄSE

Weißes Topping 2 EL Crème fraîche oder Sauerrahm
80 g Ziegenfrischkäse

Boden ½ TL Trockenhefe | 125 g Mehl
½ TL Salz | 2 EL Olivenöl

Farbiges Topping 250 g dicke Bohnen, enthülst
2 EL Olivenöl | Salz und frisch gemahlener schwarzer Pfeffer

Für das weiße Topping die Crème fraîche und den Ziegenfrischkäse gut vermischen.

Für die Tarteböden einen Pizzateig zubereiten. Die Hefe mit 20 ml lauwarmem Wasser in einer kleinen Schüssel gut vermischen und etwa 5 Minuten beiseitestellen, bis die Hefe anfängt zu schäumen. Das Mehl in eine große Schüssel geben und eine Mulde in die Mitte drücken. 50 ml lauwarmes Wasser sowie das Salz, das Olivenöl und die Hefemischung in die Mulde geben. Alles gut miteinander vermischen, dabei das Mehl von außen nach innen einarbeiten. Den Teig mit der Hand kneten, wenn nötig noch etwas Mehl hinzugeben. Auf eine bemehlte Arbeitsfläche geben und kneten, bis der Teig weich und geschmeidig ist. In eine geölte Schüssel geben, mit einem feuchten Tuch zudecken und etwa 1 Stunde an einem warmen Ort gehen lassen, bis der Teig sein Volumen verdoppelt hat. Den Backofen auf 210 °C (Umluft 190 °C) vorheizen. Den Pizzateig ausrollen und zwei 15 x 12 cm große Rechtecke ausschneiden. Die Ziegenkäsecreme auf den Pizzateigböden verstreichen und etwa 15 Minuten backen.

Für das farbige Topping die Bohnen etwa 3 Minuten in gesalzenem Wasser kochen, bis sie gar sind. Das Wasser abgießen. Ist die Haut der Bohnen zu hart, diese nach dem Kochen abziehen. Das Olivenöl in einer großen Pfanne erhitzen und die Bohnen darin 1–2 Minuten anbraten. Mit Salz und Pfeffer würzen.

Die Bohnen auf den oberen zwei Dritteln der Böden verteilen und weitere 5 Minuten im Backofen backen. Die Tartes aus dem Ofen nehmen und nach Belieben noch etwas Ziegenkäsecreme auf dem unteren Drittel verstreichen.

ERBSEN - SPECK

Weißes Topping 70 g Speck | 150 g Sahne

Boden 250 g frische Erbsen, plus einige Erbsen zum Garnieren
1 Suppenwürfel (Hühnerbrühe) | 1 Ei | 50 g Mehl
1 TL Backpulver | 20 g geschmolzene Butter

Für das weiße Topping den Speck in einer Pfanne bei mittlerer Hitze auslassen und dann auf Küchenpapier abtropfen lassen. Den Speck und die Sahne in einen Topf geben und etwa 5 Minuten bei geringer Hitze köcheln lassen. Die Specksahne vom Herd nehmen, beiseitestellen und abkühlen lassen, dann mindestens 2 Stunden kalt stellen.

Für die Tarteböden den Backofen auf 180 °C (Umluft 160 °C) vorheizen und eine etwa 24 x 15 cm große ofenfeste Form einfetten und mit Mehl bestäuben. In einem Topf etwas Salzwasser zum Kochen bringen, den Suppenwürfel dazugeben und so lange rühren, bis er sich aufgelöst hat. Die Erbsen darin etwa 5 Minuten weich kochen. Abgießen, dabei etwas Brühe auffangen und ein Paar Erbsen zum Garnieren beiseitelegen. Die Erbsen in einem Mixer oder einer Küchenmaschine pürieren – und so lange Brühe dazugeben, bis ein geschmeidiges Püree entsteht. Das Erbsenpüree schließlich durch ein feinmaschiges Sieb streichen. Das Ei, das Mehl, das Backpulver und die Butter zum Püree geben und alles gut miteinander verrühren. Die Erbsenmasse in die vorbereitete Form geben und etwa 30 Minuten backen. Die Form aus dem Ofen nehmen und 5 Minuten abkühlen lassen. Die Form stürzen und den Erbsenboden in zwei 14 x 11 cm große Rechtecke schneiden.

In der Zwischenzeit die Specksahne abseihen und den Speck entfernen. Die Sahne mit dem Handrührgerät steif schlagen. Die Specksahne auf dem unteren Drittel der Erbsentartes verteilen. Die Tartes mit den übrigen Erbsen dekorieren und servieren.

MATCHA – PUDERZUCKER

Boden 180 g Zucker | 4 Eier | 80 g Mehl
1 TL Backpulver | 4 TL Matcha-Pulver
125 g geschmolzene Butter

Farbiges Topping 1 TL Matcha-Pulver

Weißes Topping 15 g Puderzucker

Für die Tarteböden den Backofen auf 180 °C (Umluft 160 °C) vorheizen und eine etwa 24 x 15 cm große ofenfeste Form einfetten und mit Mehl bestäuben. Den Zucker und die Eier schaumig schlagen. Das Mehl, das Backpulver, das Matcha-Pulver und die geschmolzene Butter dazugeben und alles gut verrühren. Den Teig in die vorbereitete Form gießen und etwa 30 Minuten backen. Zur Garprobe mit einem Holzspieß in den Boden stechen, bleibt kein Teig daran kleben, ist er fertig. Den Boden aus dem Ofen nehmen, beiseitestellen und abkühlen lassen.

Den Boden vorsichtig aus der Form lösen und in zwei 14 x 11 cm große Rechtecke schneiden. Das untere Drittel der Böden mit Alufolie abdecken und die oberen zwei Drittel mit dem Matcha-Pulver bestäuben, dann die oberen zwei Drittel mit Alufolie abdecken und das untere Drittel mit Puderzucker bestäuben.

KIWI – CRÈME CHANTILLY

Boden 1 × süßer Mürbeteig (Seite 17)

Weißes Topping 1 × Crème Chantilly (Seite 19)

Farbiges Topping 4 Kiwi, geschält und in Scheiben

Für die Tarteböden einen süßen Mürbeteig nach dem Grundrezept auf Seite 17 zubereiten und backen.

Für das weiße Topping eine Crème Chantilly nach dem Grundrezept auf Seite 19 zubereiten.

Die Crème Chantilly auf den Böden verteilen. Die Kiwischeiben auf den oberen zwei Dritteln der Böden arrangieren und die Tartes servieren.

RUCOLA - FETA

Boden 175 g Rucola | 1 EL Olivenöl
3 Eier | 20 g Parmesan, gerieben
40 ml Pflanzenöl | 190 g Mehl
1 TL Backpulver | Salz und frisch gemahlener schwarzer Pfeffer

Weißes Topping 100 g Feta

Für die Tarteböden den Backofen auf 180 °C (Umluft 160 °C) vorheizen und eine etwa 24 x 15 cm große ofenfeste Form einfetten und mit Mehl bestäuben. Den Rucola in einem großen Topf mit gesalzenem Wasser etwa 2 Minuten kochen. Abgießen, dabei etwas Kochwasser auffangen, und beiseitestellen. Den Rucola zusammen mit dem Olivenöl in einer Küchenmaschine fein pürieren – und so lange Kochwasser dazugeben, bis ein geschmeidiges Püree entsteht. Die Eier und den Parmesan verrühren, dann das Öl, das Mehl und das Backpulver unterrühren. Schließlich das Rucolapüree untermengen und mit Salz und Pfeffer würzen. Den Teig in die vorbereitete Form gießen und etwa 30 Minuten backen. Zur Garprobe mit einem Holzspieß in den Boden stechen, bleibt kein Teig daran kleben, ist er gar. Den Boden aus dem Ofen nehmen, beiseitestellen und abkühlen lassen.

Für das weiße Topping den Feta mit einer Gabel zu einer groben Paste zerdrücken.

Den Boden vorsichtig aus der Form lösen und in zwei 14 x 11 cm große Rechtecke schneiden. Die Fetapaste auf dem unteren Drittel der Böden verteilen und die Tartes servieren.

ROASTBEEF – AIOLI

Weißes Topping 4 Knoblauchzehen, grob gehackt | 1 Ei
60 ml Olivenöl | Salz und frisch gemahlener schwarzer Pfeffer
3 EL Crème fraîche oder Sauerrahm

Boden 2 große Scheiben Weißbrot, getoastet | Olivenöl, zum Beträufeln

Farbiges Topping 150 g rosa gebratenes Roastbeef, in dünnen Scheiben

Für das weiße Topping die Knoblauchzehen in einer Küchenmaschine fein pürieren. Das Ei dazugeben und alles zu einer geschmeidigen Masse pürieren. Bei laufender Küchenmaschine das Olivenöl in einem dünnen, gleichmäßigen Strahl dazugeben. Die Küchenmaschine ausschalten. Das Aioli mit Salz und Pfeffer würzen und die Crème fraîche unterrühren.

Für die Tarteböden aus den getoasteten Weißbrotscheiben zwei 14 x 11 cm große Rechtecke schneiden und mit etwas Olivenöl beträufeln.

Das Roastbeef auf den oberen zwei Dritteln der Weißbrotböden arrangieren und das Aioli auf dem unteren Drittel verteilen.

MARONEN - BAISER

Boden 1 x französisches Baiser (Seite 19)

Farbiges Topping 50 g Zucker
150 g Maronen im Ganzen, aus der Dose
essbares Blattgold, zum Dekorieren (optional)

Weißes Topping 1 × Crème Chantilly (Seite 19)

Für die Tarteböden französisches Baiser nach dem Grundrezept auf Seite 19 zubereiten.

Für das farbige Topping den Zucker mit 50 ml Wasser bei mittlerer Hitze zum Köcheln bringen und etwa 10 Minuten eindicken lassen. Den Zuckersirup beiseitestellen und abkühlen lassen. Den Sirup in eine Schüssel gießen, die Maronen dazugeben und alles in einer Küchenmaschine zu einer geschmeidigen Masse pürieren. Die Maronencreme in einen Spritzbeutel füllen und bis zur Verwendung im Kühlschrank aufbewahren.

Für das weiße Topping eine Crème Chantilly nach dem Grundrezept auf Seite 19 zubereiten.

Die Maronencreme auf die oberen zwei Drittel der Böden spritzen, die Crème Chantilly auf dem unteren Drittel verteilen. Nach Belieben die Tartes mit etwas essbarem Blattgold dekorieren.

KARAMELL – PANNACOTTA

Boden 1 × Pannacotta (Seite 19)

Farbiges Topping 95 g Zucker | eine Prise Meersalz
45 g Butter | 70 g Sahne
1 Handvoll Haselnüsse, grob zerstoßen
essbarer Goldstaub, zum Dekorieren

Für die Tarteböden eine Pannacotta nach dem Grundrezept auf Seite 17 zubereiten.

Für das farbige Topping 75 g Zucker in einer schweren Pfanne bei mittlerer Hitze schmelzen. Wenn der Zucker langsam karamellisiert, das Salz und die Butter dazugeben und gut verrühren. Die Pfanne vom Herd nehmen und die Sahne unterrühren. Die Karamellcreme bis zur Verwendung im Kühlschrank aufbewahren. Ein Backblech mit Backpapier auslegen. Den restlichen Zucker in einer schweren Pfanne bei mittlerer Hitze schmelzen. Wenn der Zucker langsam Farbe annimmt, die Haselnüsse dazugeben und alles gut verrühren. Das Haselnusskaramell auf das vorbereitete Backblech gießen und abkühlen lassen. Ist das Karamell ganz abgekühlt, dieses zu feinem Krokant zerstoßen und mit etwas Goldstaub bestreuen.

Die Karamellcreme auf den oberen zwei Dritteln der Pannacotta verteilen und die Tartes mit Haselnusskrokant und Meersalz bestreut servieren.

DUNKLE SCHOKOLADE – HELLE SCHOKOLADE

Boden ½ × Schokoladenmürbeteig (Seite 17)

Farbiges Topping 100 g Schokolade
essbarer Goldstaub, zum Dekorieren (optional)

Weißes Topping 200 ml Kokosmilch
150 g weiße Schokolade | 150 g Sahne
10 g Kokosraspeln

Für die Tarteböden einen Schokoladenmürbeteig nach dem Grundrezept auf Seite 17 zubereiten und backen.

Für das farbige Topping ein Backblech mit Backpapier auslegen. Die Schokolade in einer hitzebeständigen Schüssel über dem Wasserbad unter gelegentlichen Rühren schmelzen. Die flüssige Schokolade auf das Backblech gießen, mit einem Spatel zu einer dünnen Schicht verstreichen und kalt stellen, bis die Schokolade hart geworden ist.

Für das weiße Topping die Kokosmilch und die Schokolade in einem Topf bei geringer Hitze unter gelegentlichem Rühren erwärmen, bis die Schokolade geschmolzen ist. Vom Herd nehmen und abkühlen lassen. Die Sahne mit dem Handrührgerät steif schlagen. Die Sahne und die Kokosraspeln vorsichtig unter die Kokos-Schokoladen-Mischung heben. Die Creme in einen Spritzbeutel füllen und mindestens 2 Stunden kühl stellen.

Die erkaltete Schokolade für das farbige Topping in Quadrate brechen und auf die oberen zwei Drittel der Böden legen. Nach Belieben die Schokolade mit etwas essbarem Goldstaub bestreuen. Die Kokos-Schokoladen-Creme auf das untere Drittel der Böden spritzen und die Tartes servieren.

BITTERSCHOKOLADE – KOKOSNUSS

Boden 200 g Kokosraspeln
400 ml Kondensmilch

Farbiges Topping 200 g Bitterschokolade

Für die Kokosböden die Kokosraspeln unter die Kondensmilch mischen und über Nacht (mindestens 8 Stunden) kalt stellen. Die Kokoscreme dann in zwei etwa 14 x 11 cm große Formen füllen und wieder kalt stellen.

Für das farbige Topping die Schokolade in einer hitzebeständigen Schüssel über dem Wasserbad unter Rühren schmelzen.

Die geschmolzene Schokolade auf den oberen zwei Dritteln der Kokosnuss-Böden verstreichen und die Tartes servieren.

MILCHSCHOKOLADE – WEISSE SCHOKOLADE

Boden ½ × Schokoladenmürbeteig (Seite 17)
Weißes Topping 150 g weiße Schokolade
Farbiges Topping 330 g Milchschokolade | 6 Eier, getrennt
Bitterschokolade, geraspelt zum Dekorieren

Für die Tarteböden einen Schokoladenmürbeteig nach dem Grundrezept auf Seite 17 zubereiten und backen.

Für das weiße Topping ein Backblech mit Backpapier auslegen. Die Schokolade in einer hitzebeständigen Schüssel über dem Wasserbad unter gelegentlichem Rühren schmelzen. Die flüssige Schokolade auf das Backblech gießen, mit einem Spatel zu einer dünnen Schicht verstreichen und kalt stellen, bis die Schokolade hart geworden ist.

Für das farbige Topping 180 g Milchschokolade in einer hitzebeständigen Schüssel über dem Wasserbad unter gelegentlichem Rühren schmelzen. Die Schüssel vom Wasserbad nehmen und die Eigelbe unter die geschmolzene Schokolade rühren. Das Eiweiß mit dem Handrührgerät steif schlagen. Den Eischnee vorsichtig unter die Schokoladenmasse heben und die Mousse dann mindestens 2 Stunden kalt stellen. Die restliche Milchschokolade in einer hitzebeständigen Schüssel über dem Wasserbad unter gelegentlichem Rühren schmelzen. Die geschmolzene Schokolade in eine 24er-Pralinenform für runde Pralinen gießen. Dabei nur wenig Schokolade in jede Mulde füllen und die Form schwenken, sodass die flüssige Schokolade jede Mulde mit einer dünnen Schicht bedeckt. Die Form kalt stellen.

Die Schokoladenmousse in einen Spritzbeutel füllen. Die Schokoladen-Halbkugeln vorsichtig aus der Pralinenform nehmen und mit der Schokoladenmousse füllen. Die gefüllten Schokoladen-Pralinen auf den oberen zwei Dritteln der Böden arrangieren. Die weiße Schokolade zerbrechen und auf dem unteren Drittel der Böden verteilen. Zum Dekorieren Bitterschokoladenraspeln über die Pralinen streuen.

BROMBEERE – CRÈME CHANTILLY

Boden 1 × süßer Mürbeteig (Seite 17)

Weißes Topping 1 × Crème Chantilly (Seite 19)

Farbiges Topping 350 g Brombeeren
1 EL Zucker (optional)

Für die Tarteböden einen süßen Mürbeteig nach dem Grundrezept auf Seite 17 zubereiten und backen.

Für das weiße Topping eine Crème Chantilly nach dem Grundrezept auf Seite 19 zubereiten.

Die Brombeeren auf den oberen zwei Dritteln der Böden verteilen und die Crème Chantilly auf dem unteren Drittel verstreichen. Die Brombeeren nach Belieben mit Zucker bestreuen.

TRÜFFEL - EI

Boden 1 × salziger Parmesanmürbeteig (Seite 17)

Farbiges Topping 30 g schwarzer Trüffel | 1 EL Olivenöl
4 Eier | 1 EL Milch | Salz und frisch gemahlener schwarzer Pfeffer

Weißes Topping 1 EL Olivenöl | 2 Eiweiß
10 ml Milch

Für die Tarteböden einen salzigen Parmesanmürbeteig nach dem Grundrezept auf Seite 17 zubereiten und backen.

Für das farbige Topping den Trüffel mit einem Hobel oder einem scharfen Messer in sehr dünne Scheiben schneiden. Das Olivenöl in einer Pfanne bei mittlerer Hitze erhitzen. Die Eier verquirlen und zusammen mit der Milch in die Pfanne geben. Die Eier unter Rühren mit einem Spatel stocken lassen. Die Pfanne vom Herd nehmen und das Rührei auf den oberen zwei Dritteln der Böden verteilen.

Für das weiße Topping das Olivenöl in einer Pfanne bei mittlerer Hitze erwärmen. Die Eiweiße leicht verschlagen und zusammen mit der Milch in die Pfanne geben. Die Eiweiße unter Rühren mit einem Spatel stocken lassen. Die Pfanne vom Herd nehmen und das Eiweiß-Rührei auf dem unteren Drittel der Böden verteilen.

Die Trüffelscheiben auf den oberen zwei Dritteln arrangieren und die Tartes servieren.

LAKRITZE – CHEESECAKE

Boden 100 g Butterkekse
80 g Butter

Weißes Topping 300 g Frischkäse
250 g Mascarpone | 150 g Zucker
¼ TL Lakritz-Pulver | 4 Eier

Farbiges Topping 12 Lakritzschnecken

Für die Keksböden die Kekse fein zerbröseln und in eine große Schüssel geben. Die Butter schmelzen und mit den Keksbröseln vermischen. Eine kleine Kuchenform mit Backpapier auslegen und die Keks-Butter-Mischung auf dem Boden verteilen. Den Keksboden mindestens 1 Stunde kühl stellen.

Für das weiße Topping den Backofen auf 160 °C (Umluft 140 °C) vorheizen. Den Frischkäse, die Mascarpone, den Zucker, das Lakritze-Pulver und die Eier mit dem Handrührgerät gut verrühren. Die Frischkäsefüllung auf dem erkalteten Keksboden verteilen und den Cheesecake etwa 50 Minuten backen. Den Kuchen aus dem Ofen nehmen und abkühlen lassen.

Aus dem Cheesecake zwei 14 x 11 cm große Rechtecke ausschneiden. Die Lakritzschnecken auf den oberen zwei Dritteln der Cheesecake-Böden verteilen (die Lakritzschnecken in Form schneiden, damit sie nicht über den Rand stehen) und die Tartes servieren.

REGISTER

REGISTER

LUST AUF SÜSSES?

Ananas – Crème Chantilly 44	Karamell – Crème Chantilly 32
Apfel – Zimt 92	Karamell – Pannacotta 110
Aprikose – Crème Chantilly 50	Lakritze – Cheesecake 122
Banane – Marshmallow 142	Litschi – Baiser 24
Birne – Milchreis 34	Mandel – Baiser 26
Bitterschokolade – Kokosnuss 114	Maronen – Baiser 108
Blaubeere – Baiser 82	Matcha – Puderzucker 100
Brombeere – Crème Chantilly 118	Milchschokolade – Weiße Schokolade 116
Cranberry – Crème Chantilly 76	Mojito – Sahne 88
Curaçao – Baiser 86	Orange – Crème Chantilly 46
Dunkle Schokolade – Helle Schokolade 112	Passionsfrucht – Cheesecake 38
Erdbeere – Puderzucker 72	Pistazie – Crème Chantilly 90
Feige – Joghurt 66	Rhabarber – Crème Chantilly 68
Granatapfel – Baiser 78	Rosa Zucker – Litschi 58
Grapefruit – Pannacotta 54	Rote Beeren – Crème Chantilly 74
Himbeere – Crème Chantilly 62	Violettes & weißes Baiser 80
Himbeere – Schokolade 36	Weiße Schokolade – Kokosnuss 84
Irish Coffee – Crème Chantilly 30	Zitrone – Baiser 40
Kiwi – Crème Chantilly 102	Zuckerwatte – Marshmallow 60

LUST AUF HERZHAFTES?

Dicke Bohnen – Ziegenkäse 96	Kürbis – Speck 48
Erbsen – Speck 98	Lachs – Zitrone 56
Gurke – Zaziki 94	Roastbeef – Aioli 106
Rote Bete – Ziegenkäse 64	Rucola – Feta 104
Karotte – Mozzarella 52	Tomate – Mozzarella 70
Kichererbsen – Zitrone 28	Trüffel – Ei 120

Die englische Originalausgabe erschien 2014 unter dem Titel *Rainbow Tarts: 50 Recipes for 50 Colours* bei Hardie Grant Books, Australien

Hardie Grant Books (Australien)
Ground Floor, Building 1
658 Church Street
Richmond, Victoria 3121
www.hardiegrant.com.au

Text und Bilder © Emilie Guelpa 2013

Produktmanagement: Josefine Loimeier
Produktionsbetreuung: Print Company Verlagsgesellschaft m.b.H., Wien
Übersetzung: Daniela Schmid

Materialangaben und Arbeitsweisen in diesem Buch wurden von der Autorin und den Mitarbeitern des Verlags sorgfältig geprüft. Eine Garantie wird jedoch nicht übernommen. Autorin und Verlag können für eventuell auftretende Fehler oder Schäden nicht haftbar gemacht werden. Das Werk und die darin gezeigten Modelle sind urheberrechtlich geschützt. Die Vervielfältigung und Verbreitung ist, außer für private, nicht kommerzielle Zwecke, untersagt und wird zivil- und strafrechtlich verfolgt. Dies gilt insbesondere für die Verbreitung des Werkes durch Fotokopien, Film, Funk und Fernsehen, elektronische Medien und Internet sowie für eine gewerbliche Nutzung der gezeigten Modelle. Bei Verwendung im Unterricht und in Kursen ist auf dieses Buch hinzuweisen.

© der deutschen Ausgabe 2015 frechverlag GmbH, 70499 Stuttgart

1. Auflage 2015

ISBN 978-3-7724-7915-1
Best.-Nr. 7915

Printed in China by 1010 Printing International Limited